D1917055

Mit freundlicher Unterstützung durch

Heidelberg

UNESCO
United Nations
Educational, Scientific and
Cultural Organization

CITY OF LITERATURE HEIDELBERG
Designated
UNESCO Creative City
in 2014

© 2020 Verlag Das Wunderhorn GmbH
Rohrbacher Straße 18, D-69115 Heidelberg
www.wunderhorn.de
© 2020 für die Texte und Bilder: Autorinnen und Autoren

Alle Rechte vorbehalten. Kein Teil des Werks darf in irgendeiner Form (durch Fotografie, Mikrofilm oder ein anderes Verfahren) ohne schriftliche Genehmigung des Verlags reproduziert werden oder unter Verwendung elektronischer Systeme verarbeitet, vervielfältigt oder verbreitet werden.

Gestaltung & Satz: Leonard Keidel
Druck: NINO Druck GmbH, Neustadt/Weinstraße
ISBN: 978-3-88423-639-0

FSC
www.fsc.org
MIX
Papier aus verantwortungsvollen Quellen
FSC® C006655

Ins Offene

Wir und Hölderlin

Eine Anthologie zu Friedrich Hölderlin

Herausgegeben von Natalie Dürr, Sibylle Göbel,
Claudia Kiefer, Andrea Merger

Mit einem Nachwort von Hilde Domin

WUNDERHORN

Aila

Auf der Suche nach Hölderlin

Für unsere Schule, das Hölderlin-Gymnasium Heidelberg, war der 250. Geburtstag unseres Namensgebers eine Herausforderung: Wie konnten wir uns tiefer anfreunden mit diesem so gegensätzlichen, diesem so sperrigen wie mitreißenden, zu Lebzeiten so glücklosen, doch später weltberühmten Dichter, der in der griechischen Antike zugleich sein verlorenes Ideal wie seine hoffnungsvolle Vision für die Zukunft sah? Wie konnten wir für uns die Brücke schlagen, am neuen „Tage der Freundschaftsfeier"? Was hatte er uns und hatten wir ihm etwas zu sagen?

Die Suche nach der Antwort auf diese Fragen verwandelte sich für uns, Kollegium und Schülerschaft, in die Chance, ein neues Verhältnis zu Hölderlin zu finden. Und jetzt können wir auf ganz andere Weise sagen: „Wir sind das Hölderlin."

Es entstanden vielfältige Projekte und kreative Zugänge: Wir produzierten Texte und Bilder, gestalteten die Litfaßsäule vor der Schule, eine Ausstellung im Kurpfälzischen Museum rund um die berühmte Ode „Heidelberg", wir planten das Rezitieren seiner Verse auf der von ihm besungenen Alten Brücke, zusammen mit dem germanistischen Seminar der Universität, die Präsentation seiner Ode öffentlich als reverse graffiti, wir machen mit beim Hölderlin – Musical der Stadt Lauffen – und schließlich: Wir antworten Hölderlin mit dem vorliegenden Buch.

Ein spannender Entstehungsprozess: Zunächst spazierten die Schülerinnen und Schüler mit ihren Lehrerinnen dem Dichter nach, schauten durch seine Verse hindurch auf den Neckar, nahmen seine Bilder auf, die Musikalität seiner Sprache, den Blick von der Alten Brücke den Strom hinab, dort, wo er sich ins Offene verliert, horchten

Hölderlins Sehnsucht nach – und dann gaben sie ihm ein Echo in ihrer eigenen Sprache, in ihren eigenen Bildern, die wir hier versammelten: „Wir und Hölderlin".

Ich danke hier besonders meinen Kolleginnen Frau Dürr und Frau Göbel sowie der Heidelberger Autorin Claudia Kiefer für die intensive Arbeit mit den Klassen 6, 7, 9, 10 und 11.

Das hätte Hölderlin selbst sich nicht träumen lassen, dass er ausgerechnet an einer Schule so lebendig werden könnte, einem Ort, den er aus seiner Erfahrung von Zucht und Begrenztheit heraus so verabscheute:

„Ach, wär ich nie in eure Schulen gegangen, ..." lässt er Hyperion ausrufen, „(...) die Wissenschaft (...), die hat mir alles verdorben..." . „Hinausgeworfen aus dem Garten der Natur" und in die „Chamäleonfarbe" der Erwachsenen „getaucht", sehnt er sich mit Rousseau zurück danach, „ein stilles Kind" zu sein, „das nichts wusste".

Auch wenn sich Schule sehr verändert hat seither, mag so mancher Jugendliche noch einstimmen, in die Stoßseufzer unseres Namensgebers: „Wenn nur die Schülerjahre erst vorüber wären, dacht' ich oft...".

Wie auch immer, jede und jeder konnte sich im Jubiläumsjahr den, der doch selbst immer Fremdling war, auf eigene Art vertrauter machen und mit ihm lernen, dass es sich lohnen kann aufeinander zuzugehen und sprachliche Hürden zu überwinden. So wurde Hölderlin denn auch ordentlich durchgeschüttelt, in ganz ungriechischen Versmaßen und neuen Tönen und Farben des 21. Jahrhunderts. Er müsste seine Freude daran haben, der wilde Dichter, der uns dazu aufruft, doch lieber „ein tobend Schlachtross" zu sein als eine „Mähre, die das Ohr hängt".

Wir haben jedenfalls dem, der so oft auf der Flucht war, eine Art Heimat wiedergegeben, ihm, der doch daran litt, dass dem Menschen „keine Heimat möglich ist", weil er immer weit hinauswill. So weit hinaus, so der frühe Weltraumvisionär Hölderlin, dass er es gar zu weit treiben könnte, um dann „der Sonne Gebiet" zu verlassen und „über des Irrsterns Grenzen hinaus" zu fliehen.

Wir danken Hölderlin für diese Möglichkeit, mit ihm zu feiern. Wir danken ihm, dass er das, wofür unsere Schule immer schon bekannt ist, ihren „Hölderlin-Geist", neu beflügelte, die Offenheit für Vielheit und den Zusammenhalt bei all unseren Verschiedenheiten. Und ihn, der doch im Bewusstsein lebte, „es wollte mich ja niemand", laden wir ein: „Komm, ins Offene Freund".

Wir wünschen uns , dass unsere Leserinnen und Leser in unseren Texten und Bildern etwas vom Geist Hölderlins wiederfinden.

Dr. Andrea Merger
Direktorin des Hölderlin-Gymnasiums Heidelberg

Ins Offene

Es war im Herbst 2018, als im Rahmen der Vorplanungen für den 250. Geburtstag Friedrich Hölderlins das Kulturamt der Stadt Heidelberg, UNESCO City of Literature, an die Heidelberger Autorinnen und Autoren herantrat, ein Programm für den Dichter zu gestalten.

Eine Idee war, dieses Buch entstehen zu lassen, welches sich aus einer Gemeinschaftsarbeit mit den Heidelberger Autorinnen und Autoren und dem Hölderlin-Gymnasium in Heidelberg entwickeln sollte. Der Grundgedanke dabei war, Impulse zu geben, einmal die junge Generation selbst auf den Pfaden Hölderlins entlang gehen zu lassen, es sie einmal probieren zu lassen, eine Dichterin, ein Dichter zu sein.

Schließlich war Hölderlin auch in Heidelberg zu Gast und hat hier eines der schönsten Gedichte geschrieben, das je einer Stadt gewidmet wurde. Seine Texte immer wieder neu zu rezitieren, laut zu lesen und leise, vielleicht mit einer Frage wie „Wieviel Hölderlin steckt in mir?“, hat allen Beteiligten viel Freude gemacht.

Wir sind mit unserem Buchprojekt ins Offene gestürzt, haben es gewagt, und mit uns Dr. Andrea Merger und noch viele andere Lehrerinnen und Lehrer der Deutsch- und Kunstfachschaft.

„Ins Offene“ kann gleichsam als Motto gelesen werden, unter dem junge Menschen im Alter von 11 bis 18 Jahren sich dem Poeten und seinem oft als schwierig geltenden Werk näherten. Während ältere SchülerInnen den Versuch wagten, sich schreibend in seine Lebens- und Gefühlswelt hineinzuversetzen, zu rappen oder Gedichtfragmente als Anlass nutzten, eigenes Erleben ausdrucksstark in Worte zu fassen, wandten sich die jüngeren ihrer – von Hölderlin so geliebten – Heimatstadt Heidelberg zu.

Sie besuchten die von ihm in seiner Ode besungenen Orte und ließen sich dort zum eigenen Dichten inspirieren. In ähnlicher Weise wurden die Themen seiner Werke und die in ihnen gezeichneten Inhalte bildnerisch umgesetzt: Als Drucke, Pochoirs, Zeichnungen, Collagen und Scherenschnitte. So zahlreich, wie die Wege der Annäherung waren, so vielfältig sind die Ergebnisse. Die Anthologie bietet ein breites Spektrum jugendlich-zeitgenössischer Auseinandersetzung mit dem Dichter.

Aus der anfänglichen Idee ist nun ein Buch geworden, ein Satz mit einem Punkt. Damit möchten wir alle ermutigen, an ihre Ideen zu glauben und immer wieder ein „Wir" zu suchen.

Die Heidelberger Autorin und Hilde Domin-Biografin Marion Tauschwitz fand einen sehr schönen Text von Hilde Domin, den die Lyrikerin selbst auch am Hölderlin-Gymnasium vortrug und den wir als Nachwort auswählten.

Nun bleibt uns, an die Leserschaft zu appellieren: hört zu. Hört gut zu und schaut. Schaut Euch die Welt noch einmal und immer wieder neu an und wandert ruhig mal auf den Pfaden von Friedrich Hölderlin.

Natalie Dürr, Sibylle Göbel und Claudia Kiefer

Inhalt

Ich würde Jahrtausende lang die Sterne durchwandern,
in alle Formen mich kleiden,
in alle Sprachen des Lebens,
um dir einmal wieder zu begegnen.
Aber ich denke,
was sich gleich ist,
findet sich bald.

F. Hölderlin

Jeder Tag fühlt sich wie eine Ewigkeit an. Ich erwarte meine Heimkehr ins Elysium. Jeder hat eine andere Vorstellung vom Tod, doch meine Auffassung ist diese; es gibt ein Vergessen allen Daseins, ein Verstummen unseres Wesens, wo uns ist, als hätten wir alles gefunden. Das einzige, was mich noch hier verweilen lässt, ist der Trieb, aus unserem Wesen etwas hervorzubringen, das zurückbleibt, wenn wir scheiden, es ist das, was uns eigentlich am Leben festhalten lässt.

Das Leben. Was bedeutet es zu leben? Eins zu sein mit allem, das ist Leben der Gottheit, das ist der Himmel der Menschen. Des Dichters Aufgabe besteht darin, die Essenz, Gewichtigkeit, den Sinn auszudrücken. Die meisten von uns sind Träumer, die sich wie Götter fühlen, wenn sie denn träumen, Bettler, wenn sie nachdenken; und tritt die Realität an den Platz der Träume, steh ich da wie ein missratener Sohn, den der Vater aus dem Hause stieß und schaue herab auf die wenigen Pfennige, die man mir auf meinem Weg aus Mitleid gab.

Einer der besten Abschnitte meines Lebens war die Zeit, die ich im Kloster verbrachte. Ich fing an zu glauben. Wahrhaftig, Glaube kann nie geboten werden, so wenig wie Liebe. Er muss freiwillig und aus eigenem Triebe sein. Ich glaubte an ein besseres Leben. Ich fing an, meine Kindheitsjahre in einem anderen Licht zu sehen. Welche Privilegien ich doch als Kind genoss! Der Zwang des Gesetzes und des Schicksals belasteten mich nicht. Im Kind ist Freiheit allein, doch das Älterwerden ist unvermeidlich. Man verliert seine Unschuld. Zwänge häufen sich. Ach, wär ich doch nie auf die Schulen gegangen, die sich der Wissenschaft widmen. Die Wissenschaft, von der ich, jugendlich töricht, die Bestätigung meiner reinen Freude erwartete, die hat mir alles verdorben!

Nach meinem Studium wurde ich dank einer Empfehlung von Schiller, welchen ich in Jena kennenlernte, ein Hauslehrer für wohlhabende Kinder. Ich musste mich immer professionell verhalten und zeigte meistens nicht auch nur die kleinste Regung von Gefühlen. Die erwies sich als unmöglich, als ich begann für Gontard, einen Bankier in Frankfurt, zu arbeiten. Seine Frau Susette war ein Engel in Menschengestalt. Der Anfang einer leidenschaftlichen Affäre voller Feuer begann (oder auch einfach: Es entwickelte sich eine Liebschaft).

Lange, ausgedehnte „Lesebesuche" fanden statt, und geheime Liebesbriefe wurden ausgetauscht. Bei einem dieser Besuche entdeckte Gontard uns. Nach meiner fristlosen Entlassung nahm ich Abschied von den Angestellten. Der Bibliothekar, ein weiser Mann, gab mir zum Abschied einen Rat mit auf den Weg: hast du Verstand und ein Herz, so zeige nur eines von beiden. Beides verdammen sie dir, zeigest du beides gleich.

Ich gab die Hoffnung einer Wiedervereinigung mit Susette nicht auf. Lasst vergehen, was vergeht! Es vergeht, um wiederzukehren, es altert, um sich zu verjüngen, es trennt sich, um sich inniger zu vereinigen, es stirbt, um lebendiger zu werden. Meine Sehnsucht nach Susette wurde mit jedem Tag größer. Wir tauschten Briefe aus voller Gefühle und Sehnsucht. Doch sie brach die Beziehung ab. Die pflichtbewusste Frau. Jeden Tag hoffte ich, ein Brief würde kommen, dass sie ihre Meinung vielleicht geändert hätte, doch mein Hoffen war vergebens. Stattdessen erreichte mich die Nachricht von ihrem Tod. Sie hatte sich bei ihren Kindern an den Röteln angesteckt. Ihre letzten Zeilen an mich las ich mir ab da jeden Abend von neuem durch. Dass nichts mich von dir trennen kann, das waren ihre Worte. Ich bin Sohn eines Klosterpflegers und einer Pastorentochter. Ich studierte und ich lehrte, doch selbst lernte ich wenig. Ich griff nach den Sternen. Ich sündigte, begann schwere Straftaten unter dem Auge Gottes. Nichts lässt die Erde mit größerer Sicherheit zur Hölle werden als der Versuch des Menschen, sie zu einem Himmel zu machen. Die schwerste Zeit meines Lebens begann.

Meine Diagnose lautete Wahnsinn. Um mir selbst das Leiden des Wiedererlebens zu ersparen, werde ich es auslassen über die genauen Methoden meine Ärzte zu berichten. Es genügt zu wissen, dass ich nach 24 Monaten und mehreren Ausweisen versuchte, in die Pflege eines Tischlers aufgenommen zu werden. Ich versuchte lange, meine schmerzhafte Erfahrung hinter mir zu lassen. Ich verfluchte mich selbst 1000-mal am Tag. Doch wie es bei fast jedem Menschen so ist, gelangte ich erst nach Jahren des Reflektierens zu einer springenden Erkenntnis: die Erfahrung des tiefen Schmerzes kann nur gewonnen werden durch die Erlebnisse eines leidenschaftlich, wahren, richtig gelebten Lebens.

Ich starb an dem Tag, an dem mich die Nachricht von Susettes Tod ereilte. Ich musste sterben um zu leben. Ich begann meine Qualen niederzuschreiben. Aus meinem Leben nahm ich Ideen für Geschichten. Ich empfinde eine gewisse Dankbarkeit. Jede Kunst erfordert ein ganzes Menschenleben. Die Blüte meines Lebens war vorbei, ich konnte mich vollends auf mein Schreiben fokussieren und erschuf, was ich erschuf, allein durch meine Erfahrungen. Die Hoffnung auf etwas, was selbst ich nicht in Worte fassen kann, schlummert noch immer in mir. Während meiner schlimmsten Tage ist sie noch da.

Glaube, Liebe und Hoffnung soll nie aus meinem Herzen weichen. Dann gehe ich, wohin ich soll und werde gewiss am Ende sagen „ich habe gelebt!". Und wenn es kein Stolz und keine Täuschung ist, so darf ich wohl sagen, dass ich in jenen Stunden nach und nach durch die Prüfung meines Lebens fester und sicherer geworden bin. Ich war nichts, bin nur etwas Winziges und werde zu nichts zurückkehren. Doch was ich will, selbst nach so vielen Jahren, ist alles.

Ich beende meine Aufzeichnung hiermit und hoffe, dass Sie selbst einige Weisheiten aus den Jahren meines Lebens ziehen können.

Johann Friedrich Hölderlin

Für immer.

Maria

(mit Zitaten von Hölderlin aus
„Friedrich Hölderlin, Sämtliche Werke",
Büchergilde Gutenberg, 1961,
Insel-Verlag Frankfurt am Main).

Grete

Es leuchtete das Sonnenlicht

Sonnenaufgang

Die Sonne geht auf.
Kommt doch herbei ihr Wesen,
seht es euch doch an!

Eliz

Hölderlin

Warme Sonnenstrahlen
kitzeln seinen Rücken
in meiner vertrauten Stadt
Heidelberg.

Lilly

Ewige Sonne

Ewige Sonne
ein feuerrotes Glitzern
erleuchtet die Welt.

Luisa

Mio

Helle Sonne

Ich kann sie sehen,
die Sonne, hell und leuchtend
am blauen Himmel.
Sie ist immer da.
Und auch wunderbar und warm.
Sie strahlt jeden Tag.

Heidelberg.

Mia

Das Licht
Ewige Sonne
Dunkle und kühle Schatten
Verjüngendes Licht

Helene

Lilly

Im Garten

Bunt
Der Garten
Mit Blumen geschmückt
Ich mag ihn sehr
Bienen

Ida

In Heidelberg, da fließt
ein Fluss,
jeder gießt
in seinem Garten die Blumen,
auch
wenn er nicht muss.

All die Blumen, die warten auf die Zeit,
wo sie blühen werden,
weit und breit.
Ach, Heidelberg ist so schön!
Ich möchte hier nicht gehen.

Antoni

Hellblau
Der Himmel
Er ist bewölkt
Ich mag den Himmel
Sonne

Paul

Duftende Gärten
Duftend
Duftende Gärten
Düfte locken an
Ebenso werde ich angelockt
Garten

Minkail

Natur
Duftende Gärten
Ewig scheinende Sonne
Ein Zauber der Natur
Zauber

Vögel
Lebendiger Efeu
Freundlich zwitschernde Vögel
Der glänzende Zauber
Natur

Zoélia

Olivia

Frowine

Elisabeth

Jule

Mariela

Am Neckar

So nass und bläulich
Strom und Fluten
Die Ferne
Wellen glänzen
Tal

So nass und blau
Wie der Himmel mit Strom
und Fluten

Yule

Fluten
im Strom
Wellen zerreißen Zauber
Vögel schwingen über Täler
Freiheit

Verjüngendes Licht
Sich zerreißen und beben
Glänzende Fluten

Zara

Der blaue Neckar
Schöne fahrende Boote
Plätscherndes Wasser

Sophie

Neckar

So dunkel wie die tiefe Nacht.
Fluten plätschern, sprudeln, rauschen,
verlieren sich am Horizont.
Wellen zerreißen, finden wieder zusammen,
stürzen ineinander,
und dann –
die Sonne.

Sie wirft ihr Licht auf die Fluten.
Die Wellen werden kleiner,
der Strom fließt wieder
gerade am Ufer entlang.
Wellen plätschern an den Steg.
Ein Vogel zwitschert.
Ewige Sonne.

Carina

Rauschen
Kleine Quellen am Ufer
Süße, kleine, niedliche Wellen
Neckar

Blau
Der Neckar
fließt durch Heidelberg
Fröhlich strahlt er mich an
Der Neckar

Naia

Carolina-Luise

Eliz

Heidelberg: Lange lieb ich dich schon

… möchte dich, mir zur Lust,
Mutter nennen und dir schenken ein kunstlos Lied,…

F. Hölderlin

Wunderschön
ist Heidelberg
Mit dem Schloss
In der Höhe hoch
Freiheit

Lilián

Heidelberg
Einzigartig und wundervoll
Eine Tür, die sich immer wieder öffnet
und sagt: jeder ist willkommen hier
Heidelberg

Luisa

Es ist schön
So viele Menschen
Die Stadt lebt
Geschichte und Kultur
Das Schloss: königlich und halbzerstört

Die Vögel zwitschern
Die Gänse fliegen vorüber

Der Neckar fließt leise vor sich hin
Die Schiffe treiben
Der Wind pfeift
Die Stadt ist einmalig
Wunderschön

Frieda

Ich lebe hier wie alle
Und sitze und schwitze in der Hitze
Die Sonne strahlt
Doch die Bäume schützen mich
Der Neckar glänzt in der Sonne
Er strahlt wie ein heller Stern am Rhein

Sophia

Hier gibt es viele bunte, große und kleine Häuser.
Der Neckar ist sehr lecker.
Viele Schiffe fahren hier
auf dem großen Neckar.

Ich möchte hier nicht mehr fort,
denn das ist mein Lieblingsort.
Hier gibt es viele Vögel mit Flügeln
und auch viele Hügel.

Die Alte Brücke gibt's schon lange,
da hatte ich echt Bange,
dass sie zusammenstürzt.

Helene

Heidelberger Welten

Der Frieden ist dort,
in Heidelberg an jedem Ort.
Der rauschende Fluss
ist ein Genuss.

Lilli

Heidelberg

Heidelberg ist eine Stadt,
die viel Freude macht und lacht.
Den Neckar kann man immer sehen
und auch ans Ufer gehen.

Das Schloss, das ist so wunderbar,
dass es jeder sah.
Und die Sonne scheint,
vor allem, wenn mal jemand weint.

Ich wohne hier und fühl mich gut.
Das ist eine Glücksflut und macht viel Mut.
Für jeden gibt's hier was!
Das ist doch echt voll krass.

Ich will hier nicht mehr fort!
Das ist mein Lieblingsort.
Hier sind super viele Bäume.
Da bekommt man gute Träume.

Mia

Heidelberg.
Kühler Schatten
im lieblichen Wald.
So fühl ich mich
wohl.

Aila

Im Morgengrauen

Im Morgengrauen eingetaucht,
liegt sie da,
die Stadt, mit ihren verwinkelten Gassen.

Kein Land dringt durch den Nebelberg,
fast jeder schläft.
Nur die Vögel fliegen frei
im Tal umher
und warten auf den neuen Tag,
mit allem, was da kommen mag.

Lilli

Zara

Feuer

Feuerrot
Heißes Feuer
Gefährlich lodernde Flammen
Ich mag das Warme
Glut

Mia

Wellen gleiten durch die Lüfte.
Quellen öffnen sich.

Die glänzenden Hügel stechen heraus.

Kühle Schatten verschwinden
hinter der ewigen Sonne,
hinter der gigantischen Burg,
ragt das Sonnenlicht hervor.

Die Gärten duften lebendig.

Lasse und Milan

Hölderlin,
Deine Gedichte, die sind schön.
Ich dichte auch gerne
Poesie.

Nicolás

Jada

Wärme
Wärme und Wind
Wind
Wind und Wellen
Wärme
Wärme und Wellen
Wärme
Wärme und Wind und Wellen
und eine Sonne.

Rafael

Rosen sind rot.
Veilchen sind gelb.
Ich habe gerad' eine Pizza bestellt.
Komm bitte her und leg' dich darauf,
denn meiner Pizza fehlt noch der Lauch.

Nicolas

Tote Boote schwimmen oben,
tauchen ab,
sinken zu Boden,
schön genug.
Luft schmeckt nach Rache,
Rache ist Blutwurst,
und ich hab' Mut.
Fertig. Gut.

Milan

Heidelberg ist schön.
Der Wind ist wie ein warmer Föhn.
Es gibt hier auch einen schönen Fluss,
ihn zu sehen ist ein Muss.
...

Linnéa

Heidelberg

Heidelberg ist schön.
   Der Wind ist wie ein warmer Föhn.
Es gibt hier auch einen Fluss.
   Der nennt sich Moldau. Red‘ kein Stuss.
Er heißt Neckar und fließt durch Berg und Tal.
   Darin lebt auch ein großer Aal.
Jetzt hör' auf mit diesem Quatsch.
   Es gibt auch eine Menge Matsch.
Das Schloss, das mag ich auch sehr gern.
   Meinem Herzen ist es fern.
Hier ist immer etwas los.
   Warum ist Heidelberg so groß?
Hier wollen viele Menschen wohnen.
   Brechen denn alle Zacken aus den Kronen,
   wenn sie nicht in Heidelberg leben?
Hier gibt es halt kein Erdbeben.
   Das war unser Gedicht über die Stadt.
Ich hoffe, ihr seid jetzt alle platt.

Teresa und Linnéa

Heidelberg ist schön,
man kann hier sehr viel sehen.
Die Brücke, der Wald, die Stadt.
In jedem Restaurant wirst du satt.
Ein Dichter war hier gern,
Heidelberg war seinem Herz nie fern.
Kommt uns doch mal besuchen,
vergesst aber nicht
ein Zimmer zu buchen.

Teresa

Heidelberg

Das wundervolle Heidelberg,
diese Stadt besitzt die Schönheit,
die schönsten Ufer
weit und breit.

Wälder, Gipfel, Berge, Quellen,
hier findet man gar freundliche Gesellen.
Im kühlen Schatten ruhe ich,
hier kann man entspannen, sicherlich.

Ewige Sonne erleuchtet das Tal,
sie ist wie ein Kronenleuchter im Saal.
Der Fluss plätschert leise daher,
es wird magischer mehr und mehr.

Jeden Schritt, jeden Tritt, den ich setze,
desto mehr schätze
ich diese einzigartige Stadt,
die mir zeigte, was Leben bedeutet.

Laura

Marie

Marlene

Heidelberg

Heidelberg mit Wald und Tal
und Berge so groß wie ein Wal.
Kühle Schatten unter den Bäumen,
worauf die ewige Sonne scheint,
wie das verjüngende Licht.
Es rauschen die Bäume,
wenn die Sonne untergeht.
Die Wiesen grünen auf den Hügeln
wie ein Zauber.

Yena

Marlene

Kühle Schatten.
Schicksalskundige Burg.
Lebendiger Efeu
und freundliche Wälder.
Ewige Sonne
und duftende Gärten.

Maya

Jada

Liliàn

Vögel
Vögel fliegen
Hohe, kühle Berge
Die Vögel sehen sie alle
Fliegen

Paul

Tabea

Marie

Schloss
Schöne Aussicht
Himmel frei
Ein großer Fluss
Glänzend

Sophie

Über die Brücke

Die Brücke

Alt
ist sie.
Sie trägt uns.
Ich betrete sie gern.
Die Brücke.

Jada

So einsam und gigantisch ragst du in die Höhe.
Um dich herum streift eine zarte Böe.
Unter dir so ruhig und schön
plätschert Wasser und glitzert in der Sonne.
Und wenn ich so in die Ferne blicke,
dann zieht es mich wie ein Vogel so hoch,
so weit,
einfach davon.

Hannah

Theresa

Die Alte Brücke

Ein schöner Ort in Heidelberg.
Ich sehe die Berge vor mir.
Der Neckar fließt leise vor sich hin.
Die Tauben fliegen vorüber.

Frieda

Alt.
Die Brücke
ist über ihm.
Ich hab ihn gerne.
Neckar.

Hannah Sophia und Ida

Ewig.
Lieblich alt.
Sie ist gigantisch.
Fröhlich, freundlich, lebendig, alternd.
Die Brücke.

Naia

Die alte Brücke und ihre Aussichten

Als ich zu dir kam,
sah ich deine Schönheit und deinen Stolz.
Du trägst Menschen aller Art.
Ich sah dein altes Gemäuer und dessen liebevolle Bauart.

Ich spürte die Wärme der Steine,
das Leben der Natur.
Berge erheben sich vor deiner Schönheit.
Sie strecken sich in den Himmel.

Mit Bäumen und Wäldern wird der Berg gekleidet.
Der Neckar floss rauschend unter mir.
Er glänzte in der Sonne und spielte lustige Wellenspiele.
Er glitzerte mit dir um die Wette und du gewannst.

Die Burgruine ragte ins Tal zerfallen durch das Wetter.
Das schöne, alte Schloss schaute hinab zu dir.
Der Wind strich mir durch das Gesicht.
Frisch und kühl war er, einfach angenehm.

Du standest da, unter mir,
und warst die Schönheit Heidelbergs.
Ich schloss dich in mein Herz und bedankte mich
für diese wundervollen Aussichten und deine Liebe.

Laura

Antoni

Lilián

Heidelberg

Heidelberg
Heidelberg und Brücke
Brücke
Brücke und Fußgänger
Fußgänger
Fußgänger und Bewohner
Bewohner
Bewohner und Leben
Leben
Leben und Heimat
Heimat
Heimat und Heidelberg
Heidelberg.

Eliz

Jahreszeiten

Der Frühling naht zart.
Die Kirschblüten blühen schon.
Ein Windhauch der Nacht
zerbricht die Stille des Tals.

Die Vögel zwitschern.
Die Blumen blühen.
Der Frühling ist da.

Ewige Sonne.
Licht glüht hinter den Bergen.
Warme Sommernacht.

Neckar.
Schwüles Wetter.
Laute Kinder.
Sommer.

Braune Blätter.
Kühler Wind.
Fallende Blätter.
Herbst.

Weiße Welt.
Glitzern.
Kleine Schneeflocken.
Winter.

Lilián, Frieda, Hannah, Sophie

Linda

Leonie

Jonathan

Anna Lucia

Verwehte Verse

Äste, beträufelt von Tau,
knistern im Feuer,
bis sie grau
und schwärzer sind.

Wasser verdunstet.
Asche bleibt.

Die Asche wird leichter, zu Staub.
Bis die letzte Flamme an den Blättern leckt.

Verlassen.

Staub klebt an Gummi,
während Autos auf der Straße zischen.
Hin und her, so dass niemand bemerkt,
dass das Feuer sich verbreitet:
auf Wegen,
in Köpfen,
in Erinnerungen.

Meredith

Unterlegen

Schwer und alt liegt sie da,
immer schon, seitdem ich war.
Neon und Rost, Touristen, rau,
das Alte, das Neue, ein unschöner Brau.

Darunter fließt er, hin und hin,
verschmutzt von Abgasen, müllernen Ring'n,
verengt, bemächtigt der Mensch auch ihn,
doch trotz des Ortes ist er das Gold,
wo sie, die Mensch'n, sich all hinflieh'n.

Und dort, siehe da! Der Berg ist schön,
den lässt man erst einmal so stehen.
Doch, Achtung, bald – ein Labor? Eine Bahn?
Das Alte, unterlegen dem Modernen Wahn?

Hannah

(Inspiriert von Hölderlins Gedicht „Heidelberg")

Wie Wege sind, aus purem Gold

Die Linien des Lebens sind verschieden,
Wie Wege sind, und wie der Berge Grenzen.
Was hier wir sind, kann dort ein Gott ergänzen
Mit Harmonien und ewigem Lohn und Frieden.

F. Hölderlin

Inspiriert von dem Gedicht „An Zimmern" (1812)

Er saß im Gras, die Zehen berührten sanft das weiche Kissen von Veilchen. Ein Surren und Summen brummte in seinen Ohren und erfüllte ihn im Einklang mit seiner Atmung und dem Rauschen des Wassers mit einer harmonischen Symphonie. Es verschmolzen ineinander der Mensch und die Natur. Er öffnete die Augen, als hätte man ihn gerade geweckt, doch, nichts und niemand war in der Nähe. Er setzte sich auf und ließ den Blick gleiten, über Bäche und Täler. Ein riesiges Netz erstreckte sich vor ihm. Der schmale Fluss neben ihm erstreckte sich über das ganze Tal und endete in einer kleinen Grotte. Die Grotte war umringt von hohen Gebirgen, und in ihr mündete ein kleiner Wasserfall. Das Gestein war kantig, scharf, uneben und gefährlich. Wie ironisch, dass es geformt war von solch weicher Kraft. Was hinter den Bergen sich befand, sah er nicht, aber darauf richtete er auch nicht seinen Blick. Er war wie hypnotisiert von dem Geplätscher in dieser Grotte.

Er war einfach hier angekommen und hatte sich hingelegt. Er war in einen tiefen Traum versunken, obwohl ihm noch nicht bewusst war, ob dieser schon zu Ende war. Erst jetzt, in jenem Moment, in dem er seine Augen öffnete und alles um sich herum ihn einsog, erkannte er, dass er tatsächlich angekommen war. Er wollte einfach nur davonlaufen und weg, weit, weit weg gelangen. Er fing einfach an zu rennen und zu rennen, so dass seine Beine sich irgendwann überschlugen und er nach langem Umherirren und panischem Fliehen hier gelandet war. In genau diesem Tal hatte er die Kontrolle über seine Beine verloren und war gefallen. Er war so damit beschäftigt vor seinen Problemen und dem Frust und seinen Ängsten zu fliehen, dass er währenddessen schon vergessen hatte, wie er überhaupt dahin gekommen war.

Er blickte immer noch in die Ferne zu der Grotte, die ein bläuliches Licht in der nahenden Dämmerung reflektierte. Irgendetwas Magisches war an dieser Grotte, das ihn anzuziehen schien. Er begann sich langsam durch das Gras zu bewegen und sich der Grotte zu nähern.

Das Licht tunkte seine Haut in ein mystisches Violett. Die Farbe der Macht, der Leidenschaft, aber auch der Spiritualität. Eine Harmonie aus der Farbe des sich weit erstreckenden Himmels, der Lebenskraft und des Wassers, vereint mit der übermächtigen Natur des Feuers und der züngelnden Flamme der Liebe. Je näher er dem Licht kam, desto mehr spürte er einen Drang in seiner Brust. Er wollte mehr sehen, mehr wissen und verstehen, er wollte sehen, was sich hinter all diesen steinernen Mauern verbarg, welche universelle Ferne sich hinter all diesen Mauern erstreckte.

Also verließ er die Grotte und nahm sein Schicksal in die Hand. Impulsiv griff er an die kantigen Steinbrüche und begann sich nach und nach hochzuziehen und immer weiter entlang der hohen Felsmauer zu klettern. Die Sonne war schon beinahe vollends hinter den Felsmauern verschwunden, nur einige letzte Sonnenstrahlen boten ihm ein wenig Sicht auf das, was vor ihm lag. Mit dem letzten roten Licht der Dämmerung erreichte er den Gipfel.

Als er zum ersten Mal seinen Kopf gen Himmel streckte, kam er aus dem Staunen gar nicht mehr heraus. Sein ganzes Leben hatte er nur geradeaus geblickt, war von einer Stadt zur nächsten gehetzt, hatte eine Familie gegründet, ohne sich einmal zu fragen, ob er das überhaupt wollte. Einfach weil es jeder so tat und keiner mal fragte warum. Und jetzt stand er hier, sah in eine Unendlichkeit von funkelnden, kleinen Diamanten und hatte schon vollkommen vergessen, wie die Aussicht von seinem Büro war oder der Klang der Stimme seiner Frau. Er hatte noch nie Liebe empfunden, nicht einmal für sich selbst, doch der Moment jetzt, da wo er gerade stand, das fühlte sich irgendwie richtig an. Langsam versank er wieder in einen neuen Traum, und seine Lider wurden schwer.

Ein warmer Lichtstrahl auf seiner Hand weckte ihn. Was er nun sah, überwältigte ihn. Der rote Feuerball, gerade noch eingebettet in rosa Wolken, erstreckte sich über das ganze Land. Und jetzt erkannte er, was hinter diesen Mauern lag. Pures Gold. Die Sonne beschien ihn mit Wärme und neuer Lebenskraft. Er erhob sich und wollte vorsichtig nach ihr greifen. Ein kleiner Stein unter seinem Fuß löste sich und versank in der Tiefe. Stille, kein Rauschen, kein Wind, kein Surren, nur ein dumpfer Aufprall, als der Stein am Boden anlangte. War das das Ende? Die letzte Note der Symphonie? War dieser neue Aufgang der Beginn vom Ende? Er streckte einen Fuß über den Abgrund. Er schwankte und glitt beinahe nach vorne. Wenn man im Diesseits seine Erfüllung nicht finden kann, gibt es dann nicht noch das goldene Land, wo sie auf dich wartet? Werde ich dort meinen Frieden finden, wenn ich ihn hier verloren hab? Er schloss die Augen und atmete tief ein.

Katharina

Leben nach dem Tod

Ich lief durch den Wald. Ich spürte den Strom des Windes. Um mich herum flogen die Vögel frei durchs Tal, flogen über Berge, Gipfel und Hügel. Die Sonne ging auf und ich merkte: Es war ewige Sonne. Ich wusste, sie wird nie untergehen. Das Licht, das auf mich traf, war ein verjüngendes Licht. Die kühlen Schatten verschwanden. Und ach, was war denn das? Es zogen Fluten von glänzendem Wasser herauf. Es war wie ein Zauber. Ich schwang mich hinein und das Schicksal warf mich ins Nichts. Ich konnte nicht mehr sehen, für einen Moment konnte ich nicht mehr atmen, hörte nur noch das Rauschen des Wassers. Ich spürte ein kleines Beben. Ich wurde vom Wasser gegossen, so fühlte es sich an.

Doch dann: Was für ein Glück. Ich konnte wieder sehen. Ich konnte wieder atmen. Ich landete an einem Ufer, wo es friedliche Wellen gab. Um mich herum zerriss die Flut und ehe ich mich versah, tauchte eine wunderschöne Wiese des Glücks auf. Ich spürte es. Die Sonne kam wieder zurück und dann bemerkte ich, dass ich nicht nass war... Dies war meine Traumwelt. Ich konnte fliegen, wie die blauen und lila Vögel. Das Meer glänzte so wunderschön verlockend blau. Ich konnte durch Bäume gehen, im Wasser atmen.

Mir wurde klar, dass das Wasser mich zum Sterben brachte. Es gab es also doch: Das Leben nach dem Tod.

Mariann

Talia-Meryem

Die reizende Ferne

Wie von Göttern gesandt, fesselt ein Zauber einst
Auf die Brücke mich an, da ich vorüber ging,
Und herein in die Berge
Mir die reizende Ferne schien.

F. Hölderlin

Fernweh ist...
„... wenn man an irgendeinen Ort will und da nicht ist. Mein Fernweh-Ort ist das Meer."
„... wenn du nach Italien gehen willst, aber du kannst nicht, denn du hast zu wenig Geld."
„... wenn man nicht immer an der gleichen Stelle sein will.
„... wenn man in die Zukunft schaut."
„... wenn man sich nach einem Ort sehnt, der weiter weg ist..."
„...wenn mir langweilig ist."
„...wenn du mal wieder weg von zu Hause willst..."
„... dass ich an einem anderen Ort sein will, zum Beispiel Griechenland..."
„... wenn man keine Lust mehr auf Zuhause hat, weil alles einem zu normal ist, darum hat man Lust aufzustehen und weg zu gehen."

„Als ich vier war, zog ich aus Ungarn, meiner Heimat weg. Ich bin noch heute traurig. Fernweh ist wahrscheinlich ähnlich wie Heimweh. Man will an einen Ort, wo man schon immer hin wollte, aber noch nicht dorthin konnte."

Helene, Minkail, Lennart, Milan,
Frieda, Rafael, Dominik, Sophie, Lilián

Tagträume

Quellen hattest du ihm, hattest dem Flüchtigen
Kühle Schatten geschenkt, und die Gestade sahn
All ihm nach, und es bebte
Aus den Wellen ihr lieblich Bild.

F. Hölderlin

(„Heidelberg“)

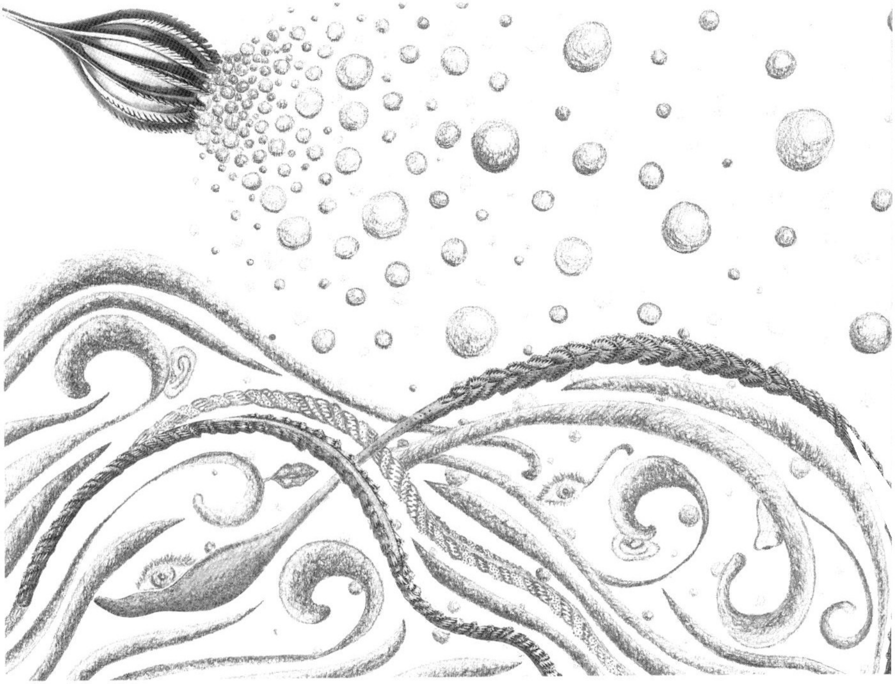

Emily

Und der Jüngling, der Strom, fort in die Ebne zog,
Traurigfroh, wie das Herz, wenn es, sich selbst zu schön,
Liebend unterzugehen,
In die Fluten der Zeit sich wirft.

F. Hölderlin

(„Heidelberg“)

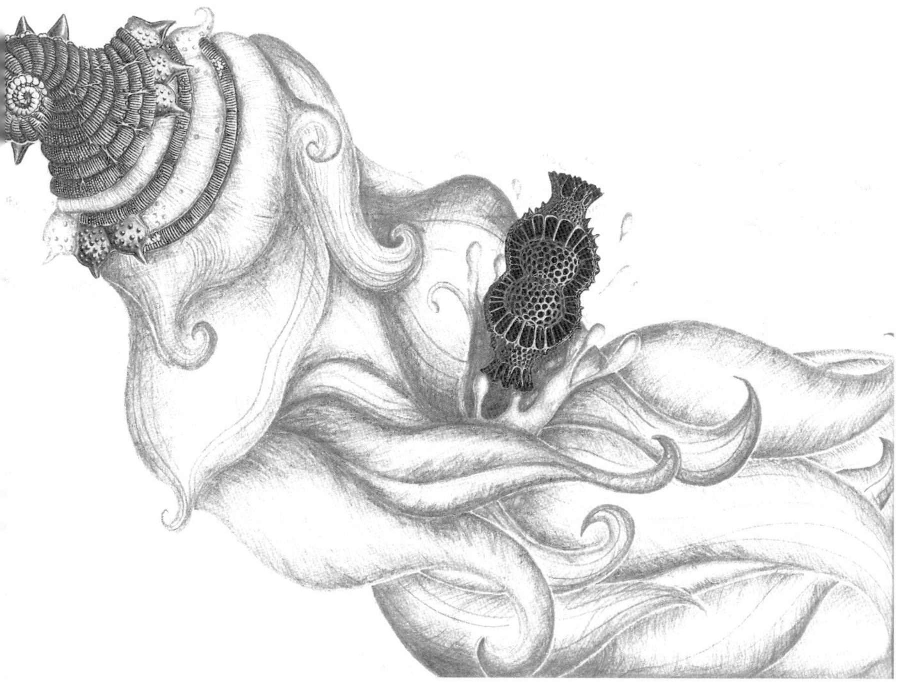

Johanna

Eines Tages, als ich erwachte
und an etwas Besonderes dachte,
ging ich aus meinem Holzhaus
in den großen Regenwald hinaus.

Ich war der schwarze Jaguar,
mich empfing die Libellenschar.
Im Wald, da fand ich Beeren
zu meiner großen Ehre.

Und irgendwo im Nirgendwo,
und nirgendwo im Irgendwo,
dort sah ich einen Tempel
mit einem goldenen Stempel.

Innen drin ging ich erkunden,
hier hab' ich mein Glück gefunden.
Und als ich dann zu Hause war,
dann war mir eines ziemlich klar.

Jeder Tag bringt etwas Glück,
wie heute mir dieses Stück.

Lilián

Es gibt nichts

Sprachlos und kalt im Winde,
steh' ich alleingelassen auf dem Feld.
Von den Bäumen neben mir blättert die Rinde.
Gibt es noch etwas, das mich hält?

Die Schlingen der Dunkelheit umarmen mich,
als ein auf ewig mir beistehender Held,
genau so sah ich dich.
Angst kriecht in meine Knochen und die Hoffnung fällt.

Jetzt bin ich schutzlos, denn du bist gegangen.
Besonders war dein Platz in meiner Welt.
Wegen dir nehmen sie mich nun gefangen.
So oft warst du da und hast meine Stimmung erhellt.

Sprachlos und kalt im Winde,
steh' ich alleingelassen auf dem Feld.
Von den Bäumen neben mir blättert die Rinde.
Es gibt nichts, was mich noch hält.

Jana

(mit Zitaten von Hölderlin aus „Hälfte des Lebens")

Der harte Boden

Mit gelben Birnen hänget,
Türen gelb, kaputt und blau.
Am Turme ringelt das Moos,
das morgens nun wie Tau.

Die Bäume der Jugend,
so käm auch ich zur Heimat, hätt ich
das wilde Wasser, See.
Und schwimmt der Frosch ruhig vor sich hin,
so blättert der Boden,
hoch von den Bergen hinab,
in die Zeiten des Ungewissen.

Der bunte, vielsagende Weg.
Apfelbaum und Walnuss.
So findet sich immer
ein trautes Heim.

Der Gipfel hoch hinaus
lässt sich soeben die Fledermaus fang'.
Sieben Jahre lang'
sprach ich mit dir.
Die Muster des Unvergesslichen
liegen mir zu Füßen,
am Boden.

Mieke

(mit Zitaten von Hölderlin aus „Hälfte des Lebens")

Hochverrat

In dem Moment, in dem er das letzte Plakat an die schroffe Steinmauer in der Stadt hängt, weiß er, er hat einen Fehler begangen. Der ganze Mut, den er hatte, das ganze Selbstbewusstsein, ist ihm davongeschwebt. Natürlich ist ihm schon davor klar gewesen, dass diese Tat sein Leben gefährdet, tagelang lag er schweißgebadet, schlaflos im Bett, hin- und hergerissen zwischen Mut und Zweifel.

Schon in frühen Kinderjahren wurde ihm eindrücklich in den Kopf gestempelt, dass, eine eigene Meinung zu haben, mit Hochverrat bestraft werden würde. Seine Gedanken wurden schon, seit er denken konnte, von dem System der Stadt gestrickt. Allein, dass er anfing selber nachzudenken, war also schon ungewöhnlich. So etwas kam nicht vor und wenn, dann war das „Problem" ganz schnell, heimlich und leise beseitigt, so dass niemand davon etwas mitbekam.

Nun steht er also da, fühlt, wie die eiskalte Angst schleichend seinen zitternden Rücken erklimmt und sich langsam in den Adern festsetzt. Das Plakat vor ihm, auf dem Schwarz auf Weiß sein Todesurteil geschrieben steht, scheint ihn mit einem höhnischen Grinsen zu verspotten. Wie schrecklich töricht er war. Doch jetzt ist es zu spät, die Tat ist begangen. „Renn!", ist das Einzige, was in seinem vor Angst leeren Kopf herumgeistert. „Renn um dein Leben!" Er steht da, wie vereist und starrt, den Kopf nun gedreht, in die enge, dunkle Gasse hinter ihm, die vom Marktplatz wegführt. Auf einmal fangen seine Ohren an, jedes Geräusch in der pechschwarzen Nacht als Gefahr wahrzunehmen. Es bilden sich Schatten, Hirngespinste, die nach ihm zu greifen scheinen und nach ihm schreien. Vor seinen

Augen fängt ein Tränenschleier an sich zu bilden, der die Nacht mit ihren Monstern verschwimmen lässt. Fast wirkt es unwirklich, wie ein surrealer Traum. Ein schriller Schrei durchschneidet seinen tranceartigen Zustand.

Und auf einmal ist es Wirklichkeit, Realität. Die Geister verformen sich zu echten Menschen, Lebewesen aus Fleisch und Blut. Kurz bevor die erste Hand nach ihm greifen kann, fangen auch endlich seine zitternden Beine zu funktionieren an und er rennt los. In diesem Moment existiert nichts außer dem verzweifelten Wunsch, es aus den Toren der Stadt zu schaffen. Hinter ihm lauert der Tod. Einmal stolpert er über seine Füße, er richtet sich hastig wieder auf und rennt keuchend weiter. Er kann das Stadttor schon näherkommen sehen. Er sieht den Schein von Fackeln und ertrinkt fast in dem Gebrüll hinter ihm. „Was haben sie hier nur mit den Menschen gemacht", denkt er sich, „was ist aus uns geworden?"

Die Erde bebt und er scheint vor messerscharfer Erschöpfung nicht mehr richtig einatmen zu können. Das Nächste, was er sieht, sind die Wachen am Tor, an denen er vorbeirennt, bis er von der kühlen Ruhe des Waldes eingeschlossen wird.

Er weiß, dass die Menschen ihn nicht mehr verfolgen, denn wer einmal aus der Stadt raus ist, so ist die Regel, dessen Schicksal ist eh besiegelt, aus dem dichten Wald kehrte noch nie jemand heim. Und trotzdem hört er nicht auf, schnaufend zu torkeln, bis er auf einer erhöhten Lichtung steht, von der er die Festung um die Stadt sehen kann. Goldenen Fackelschein erkennt er durch seinen Tränenschleier, über ihm rauschen dunkle Baumkronen. *Die Mauern stehn sprachlos und kalt, im Winde klirren die Fahnen.*

Rosalinde

(mit Zitaten von Hölderlin aus „Hälfte des Lebens")

Gina

Iyari

Hannah

Die Rückkehr

Wieder einmal ausgeflogen,
wieder einmal heimgekehrt,
wieder einmal in meine Heimat,
wieder einmal rückgekehrt.

Lange lieb' ich dich schon, möchte dich, mir zur Lust,
Mutter nennen,
fühle mich, als hätte ich in meinem Leben gewonnen,
weswegen ich zur Heimat möchte rennen.

Dort, wo ich meine Abenteuer erlebte,
dort, wo ich meine Streiche und Lieder spielte,
dort, wo ich glücklich bin,
dort, wo ich meine Jugend festhielte.

Die Schiffe fahren am Neckar entlang,
die Vögel singen im Chor,
das Schloss leuchtet hell auf,
dort stelle ich mir mein Leben vor.

Hier fühle ich mich zuhause,
hier lasse ich mich nieder.
Ihr Wälder meiner Jugend,
kommt die Ruhe noch einmal wieder?

Gabriela

(mit Zitaten von Hölderlin aus den Gedichten „Heidelberg"
und „Die Heimat"* und einem Zitat von
Theodor Storm aus dem Gedicht „An die Freunde")

Er rennt durch den peitschenden Regen. Die Tropfen vermischen sich mit Tränen, während die Flammen hinter ihm die Nässe verschlucken.

Es hört sich an wie ein Lagerfeuer. Friedlich in der Feuerschale, doch das, was hinter ihm knisterte, hat monströse Ausmaße genommen. Augen genauso heiß wie die Heimat. Die Angst schießt ihm durch die Adern.

Eine tiefe Leere bildet sich in seiner Magengrube. Er bleibt stehen. *Sprachlos und kalt im Winde.*

Die Leere wird von einer unerwarteten Übelkeit übernommen. Von Schwindel befallen legt er sich auf den harten Untergrund. Der kalte Tau der tiefen Nacht nimmt ihm den Atem.

Seine Augen sind in Richtung Himmel gerichtet, doch er kann nichts außer das wilde Ungeheuer vor sich sehen. Er atmet zittrig aus.

Mit benebelten Sinnen nimmt er den schrillen Klang von Sirenen wahr. Seine Augen schließen sich. Isoliert von der Welt.

Livia

(mit einem Zitat von Hölderlin aus dem Gedicht „Hälfte des Lebens")

Heimische Gedanken

Froh kehrt der Schiffer heim an den stillen Strom,
am Ufer wartet sein ältester Sohn.
er wirkt so reif und alt,
der Schiffer hat ihn im Arm schon bald.

Ihr teuren Ufer, die mich erzogen einst,
du erinnerst dich an früher und weinst.
Du weißt nicht, ob aus Traurig- oder Fröhlichkeit,
doch es tut dir wirklich leid.

Am kühlen Bache, wo der Wellen Spiel
es fühlt sich so an, als wäre ich am Nil.
In Gedanken versunken sitze ich hier am Bache,
und auf einmal ich am nächsten Morgen erwache.

Verehrte sichre Grenzen, der Mutter Haus,
Ich merke, ich muss hier einfach raus,
meinen Horizont erweitern,
doch dabei niemals scheitern.

Ihr Treugebliebenen! Aber ich weiß, ich weiß,
die Nacht, sie ist so dunkel und leis.
Am rabenschwarzen Himmel die Sternlein funkeln
die Kobolde im Wäldchen munkeln.

Denn sie, die uns das himmlische Feuer leihn,
sind nur Teufel, die schrein.
Himmel oder Hölle, was wird nun geschehen,
diese Frage bleibt für immer stehen.

Fiona

(mit Zitaten von Hölderlin aus dem Gedicht „Die Heimat“)

Die Stille

Leise singt der Wind in den Blättern der Bäume,
am Strome, wo ich gleiten die Schiffe sah.
Die Natur, so schön wie ich's mir nur erträume.
Oh Stille, du bist so wunderbar!

Leise plätschert das Wasser der Quelle,
am Bache, an dem ich gen Strömung lief.
Am Ufer spielt die kleinste Welle,
welch Schönheit, die mir hier entgegenrief!

Ganz leise fliegen die Vögel zur Sonne,
dort, wo sie niemand erreichen mag.
Am Boden beobachte ich sie voll Wonne,
Die Anmut, die im Wald verborgen lag.

Lilly

(mit Zitaten von Hölderlin aus dem Gedicht „Die Heimat")

Ich mag es, meine Zeit alleine zu verbringen. Ich höre gerne viel verschiedene Musik. Ich bin ein Mensch, der versucht, von der Realität abzuhauen.

Ich mag es nicht, viel Zeit mit Menschen zu verbringen, sie sind mir zu langweilig. Ich mag die Ruhe in meinem Zimmer, wenn dabei laute Musik läuft. Wie von der Realität, versuche ich mich ebenso von der Helligkeit fernzuhalten. Denn nur im Dunkeln kann man die Sterne im Himmel erkennen. Die Dunkelheit ist etwas ganz Besonderes. Du kannst dir alles Mögliche viel besser vorstellen, du denkst viel besser. Es ist einfach ein besonderes Gefühl. Ich kann im Dunkeln besser über mein Leben nachdenken. Musik hören ohne Licht gefällt mir auch gut, denn dann mache ich mir mehr Gedanken über den Songtext oder die Soundeffekts, die im Lied benutzt worden sind.

Die Dunkelheit ist meine Flucht vor der Realität, vor meinen Problemen, vor den Menschen. Ohne das Dunkle und ohne die Musik wäre mein Leben total sinnlos. Menschen sind nicht für immer da und sie können dich jederzeit grundlos verletzen. Physisch und psychisch.

Ohne meine zwei Auswege wäre es viel zu laut, ich könnte mich nicht auf mich oder auf mein Leben konzentrieren. Es wäre alles viel zu anstrengend. Mir würde meine Ruhe fehlen. Übrigens, mit Ruhe meine ich nicht, wenn alles leise ist. Meine Ruhe ist, wenn laute Musik läuft und ich nichts anderes, als meine Gedanken hören kann.

Wenn es meine Musik nicht mehr gäbe, würde mir durchgehend nur ein Satz durch den Kopf gehen: „*Komme die Ruhe noch einmal wieder?*“. Und das wäre wirklich das einzige, woran ich denken würde.

Esma

(mit Zitaten von Hölderlin aus „Die Heimat“)

Heidelberg

Lange lieb ich dich schon,
das Leben, die Aussicht, die Geschichte.
Hier bleiben möchte ich für immer,
bleiben bis an mein Ende.

Wie der Vogel des Waldes über die Gipfel fliegt,
so ergießt sich die Stadt zu meinen Füßen.
Die kalten Winde und Wolken,
alles hinter mir gelassen, Gedanken, Gefühle, das Leben.

Wie von Göttern gesandt,
die Stadt mit allen Fassaden, ob bunt oder schwarz.
Es berührt mich jeden Tag aufs Neue,
das Schloss mit all seinen Farben.

Und der Jüngling, der Strom,
er zieht mich in die Wellen des Flusses.
Wo Freude ist bestimmt,
und Leben verblüht.

Quellen hattest du ihm, dem Schöpfer gegeben.
Im Norden der Wald mit all seinen Freuden,
im Süden die Felder mit all ihren Sträuchern,
die im Winde verwehen.

Aber schwer in das Tal hing die Gigantische,
die Schöne, die Liebliche.
Die Straßen, die Brücken, Laternen und Lichter,
sie führen den Weg,
den Weg in die Heimat.

Ihr verjüngendes Licht über das alternde Riesenbild,
bei Nacht das Meer sich vor ihr ergießt.
An guten Tagen,
nicht weit ins Frankenreich.

Sträucher blühten herab, bis wo im heitern Tal.
Die Natur, die Stadt, das Werk,
es ist vollendet,
es bleibt immer stark.

Oskar

(mit Zitaten von Hölderlin aus „Heidelberg“)

„*Dort bin ich bald, traute Berge, die mich behüteten einst, der Heimat*“, sprach der Seemann, mit Blick in die Ferne und lief los.

Froh kehrte der Schiffer heim an den stillen Strom. Er setzte sich ans Ufer, an den aus Steinen erbauten Übergang zwischen der Nord- und Südseite und träumte vor sich hin.

„*Ihr Wälder meiner Jugend, der Wellen Spiel* und die verwinkelten Gassen sind mein zuhause, mein Leben, wo ich bleiben möchte.“

Maya

(mit Zitaten von Hölderlin aus „Die Heimat“)

Meine Gedanken kommen und gehen

Rap I

Kann meine Gedanken nicht in Worte fassen,
zu kompliziert, um sie rauszulassen.
Meine Gedanken kommen und gehen:
Warum kannst du sie nicht einfach verstehen?

Meine Gedanken halten mich gefangen,
die Worte können nicht zu dir gelangen.
Wie soll die Gesellschaft auch alles auffangen?
Nach dem Ende der Diskriminierung versuchen wir zu langen...

Hautfarbe und Geschlecht spielt bei uns keine Rolle,
doch in der Realität ist es wie verstrickte Wolle:
Wir bewerten uns gegenseitig,
und man macht sich selber fertig!

Und doch leben wir hier und unternehmen nichts,
gegen das, was uns so wichtig ist.
Deswegen schreiben wir euch heute dieses Gedicht,
in der Hoffnung, der Funke wird zum Licht!

Meine Gedanken kommen und gehen:
Warum kannst du sie nicht einfach verstehen?
Meine Gedanken halten mich gefangen,
die Worte können nicht zu dir gelangen.

Wie soll die Gesellschaft auch alles auffangen?
Es geht nicht nur um Geld,
denn Charakter regiert die Welt!
Reiche Eltern können ihren Kindern alles geben,
meine Mum bemüht sich ganz alleine um mein Leben.

Guck in den Spiegel und vergleich dich mit mir,
und behaupte nicht, mir geht's schlechter als dir!
Hast du auch was zu melden?
Raus damit!

Kommst nicht drauf klar?
Dann halt dich zurück!
Nicht alle haben vor, so wie du zu sein!
Was ich will, ist doch nur ich selbst zu sein!

Meine Gedanken kommen und gehen:
Warum kannst du sie nicht einfach verstehen?
Meine Gedanken halten mich gefangen,
die Worte können nicht zu dir gelangen.

Wie soll die Gesellschaft auch alles auffangen?
Viele Menschen haben Probleme im Leben.
Doch er hat's geschafft auf seinen eigenen Wegen:
Ich bin er, Dichter Friedrich Hölderlin,
lasst uns gemeinsam durch die Gassen ziehen.

Ihr habt keine Wahl,
ich bin euer Schicksal!
Ich kannte eine Susette,
die war unendlich nett.
Doch jetzt ist sie weg,
mein Herz, immer noch am rechten Fleck!
Nun bin ich in meinem Turm,
in meinem Kopf weht ein Sturm.
Ich schreibe tolle Gedichte,
sehe seit Jahren nicht das Tageslichte.

Meine Gedanken kommen und gehen:
Warum kannst du sie nicht einfach verstehen?
Meine Gedanken halten mich gefangen,

die Worte können nicht zu dir gelangen.
Wie soll die Gesellschaft auch alles auffangen?

Hoffnung, ein Funke, der bricht,
wir hoffen, er wird bald zum Licht!

Teresa, Hannah, Elena, Anh,
Lara, Emma und Gina

Die Sonne geht unter
Rap II

Die Sonne geht unter,
und das Biest erwacht.
Vorhänge runter,
sonst holt dich die Nacht.

Der Krieg hat begonnen,
zwischen Sonne und Mond,
der Engel hat Leben genommen, Refrain
keiner wurde verschont.

Die Seele gefangen,
der Körper verbrannt.
Niemand wird kommen,
denn man wurde verbannt.

Der Zauber des Feindes
sitzt in mir drin,
die Tränen des Leidens
rollen langsam vor sich hin.

Der Krieg hat begonnen,
zwischen Sonne und Mond,

der Engel hat Leben genommen,
keiner wurde verschont.

Refrain

Die Farben des Lebens
erloschen, vergessen.
Doch irgendwann komm ich
und werde mich rächen.

Die Rüstung aus Silber,
mein Herz aus Gold,
bei deiner Geburt
warst du nicht mal gewollt.

Refrain

Virginia

Virginia

Nachwort

Ratschlag (nicht nur) für Abiturienten

Vermehrt den Haß nicht. Vermehrt die Angst nicht.

Geht auf Distanz zu Euch selbst, zu Eurer Angst.

„Sich selber einmal auf den Kopf sehen können", wünschte Büchner.

„Sich selbst relativieren", verlangte mein Lehrer Karl Mannheim. In dieser Distanz ist die Möglichkeit zur Freiheit. Das Nähe/Ferne- Verhältnis, dies Spannungsfeld, ist fast bei allem, was wir tun, eine Hauptsache.

Gebt dem andern eine Chance: Er hat so viel Angst vor Euch wie Ihr vor ihm. Er hält Euch seinerseits vielleicht für „Automaten". Etikettiert ihn nicht. Vertrauen ist das Schlüsselwort. „Vertrauen, dieses schwerste ABC". Buchstabiert es täglich neu. Ohne Wehleidigkeit.

Nicht „Verweigerung". Verzicht ist das Gebot dieser historischen Stunde. Verzicht auf den eigenen Vorteil. Verzicht darauf, immer und überall „in" sein zu müssen.

Verzicht macht frei. – Verzicht auch auf die Benutzung der Sprachklischees, die die Wirklichkeit verdecken. Distanz, Hinsehen, Genau-Hinsehen. Selber Benennen.

Bereit sein für die Augenblicke, wo die Zeit stillsteht. In denen der Mensch er selbst ist. Ganz er selbst, nur dann ist er auch fähig, eins zu werden mit dem andern.

Das ist das Paradoxon: Zeit ist nur, wo Zeit aufhört: in der Pause. Nur ein Ich kann seines Nächsten Bruder sein.

Ich plädiere hier für eine bescheidene, ungeschützte Art von Emanzipation: ohne Rückzugslinien. Als einziges Credo die menschliche Solidarität. Niemanden im Stich lassen, der Euch vertraut. Ich plädiere für das Unbequeme, das außerhalb der Schlagworte praktiziert wird: ohne Öffentlichkeit und ohne Lohn.

Das Wunder, das konkrete, kleine Wunder, wartet immer um die nächste Ecke für den, der es wahrnehmen mag.

Hilde Domin

Autoren- und Künstlerverzeichnis

Alle Schülerinnen und Schüler des Hölderlin-Gymnasiums der Klassen 6a, 6c, 7a, 7b, 7d, 9c, 10a, 10b, 10d, 12, J1 im Schuljahr 2019/2020.

Danksagung

Danke an das Kulturamt der Stadt Heidelberg, UNESCO City of Literature, das schon im Herbst 2018 mit den Vorplanungen für den 250. Geburtstag Friedrich Hölderlins begann und den Heidelberger Autorinnen und Autoren die Initialzündung gab, ein Programm zum Geburtstag des Dichters zu entwerfen, das die Mittel beantragte und dieses Buch finanziell ermöglichte.

Danke an die Deutschfachschaft, darunter Felix Urban und Lydia Maruhn, die innerhalb eines Schuljahres viele Unterrichtsstunden gestalteten, bei denen der Dichter Hölderlin und seine Werke im Mittelpunkt standen und die hoffentlich in vielen Schülerinnen und Schülern die Dichterin und den Dichter weckten.

Danke an die Lehrerinnen der Kunstfachschaft: Ute Hirscher, Eva Lange und Isabel Stech, die innerhalb eines Schuljahres viele Unterrichtsstunden gestalteten, in denen der Dichter Hölderlin mit seinen Werken Impulse gab für eine große Vielfalt an künstlerischen Arbeiten.

Danke an alle Schülerinnen und Schüler des Hölderlin Gymnasiums, die bei Spaziergängen am Neckar, in Schreibwerkstätten und RAP-Workshops begeistert Texte schrieben, die mit viel Mut und einer Prise Wagnis die Rolle der

Dichterin und des Dichters annahmen, die etwas von sich preis gaben, die Kunstwerke komponierten und es, wenn sie auch in Momenten verzweifelten, noch einmal probierten.

Danke an Bryan Vit, der seinen „Beat“ mit in die Schule brachte und mit den Schülerinnen und Schülern der 10. Klasse einen RAP Workshop durchführte, bei dem sehr schöne, offene Texte entstanden.

Danke an alle, die in einer Redaktionssitzung aus allen Schülerarbeiten die Lieblingstexte und Lieblingskunstwerke ausgewählt und zusammengestellt haben und vielen Dank an Dr. Martin Kölle und Felix Urban für das Korrekturlesen.

Danke an die Heidelberger Autorin und Hilde-Domin-Biografin Marion Tauschwitz, die einen sehr schönen Text von Hilde Domin aussuchte. Danke auch an belmonte und die Heidelberger Autorinnen und Autoren, die dieses Projekt mit unterstützten.

Danke an den Bund der Freunde und an die ehemaligen Kolleginnen und Kollegen, die dieses Buch finanziell mit unterstützten.

www.wunderhorn.de